重庆市交通科技项目（CQJT-...

山区公路隧道智慧运营低碳照明及管控技术

杜晟　戴晓虹　吴金锁　史玲娜　编著

西南交通大学出版社
成　都

图书在版编目（CIP）数据

山区公路隧道智慧运营低碳照明及管控技术 / 杜晟等编著. -- 成都：西南交通大学出版社，2025.7.
ISBN 978-7-5774-0503-2

Ⅰ. U453.7

中国国家版本馆 CIP 数据核字第 202579PR15 号

Shanqu Gonglu Suidao Zhihui Yunying Ditan Zhaoming ji Guankong Jishu
山区公路隧道智慧运营低碳照明及管控技术

杜　晟　戴晓虹　吴金锁　史玲娜　编著

策 划 编 辑	黄庆斌
责 任 编 辑	杨　勇
助 理 编 辑	袁钰雯
责 任 校 对	左凌涛
封 面 设 计	曹天擎
出 版 发 行	西南交通大学出版社 （四川省成都市金牛区二环路北一段 111 号 西南交通大学创新大厦 21 楼）
营销部电话	028-87600564　028-87600533
邮 政 编 码	610031
网　　　址	https://www.xnjdcbs.com
印　　　刷	成都蜀通印务有限责任公司
成 品 尺 寸	140 mm × 203 mm
印　　　张	1.875
字　　　数	27 千
版　　　次	2025 年 7 月第 1 版
印　　　次	2025 年 7 月第 1 次
书　　　号	ISBN 978-7-5774-0503-2
定　　　价	38.00 元

图书如有印装质量问题　本社负责退换
版权所有　盗版必究　举报电话：028-87600562

前　言

近年来,我国交通公路事业取得了高速发展。据统计,截至2023年底,我国公路隧道已达27 297处、3 023.18万延米。隧道照明作为行车安全的重要保障,也是隧道运营能耗的重要来源之一。尤其是重庆、四川等西南地区的山区公路隧道,工程条件复杂,桥隧占比高,特长隧道和连续隧道群特点明显,部分隧道交通量较低,行车安全保障与节能低碳要求仍有差距,深化山区公路隧道照明的绿色科技水平势在必行。

为提高山区公路隧道的安全、节能和智慧化服务水平,在重庆市交通运输委员会的大力支持下,重庆渝东高速公路有限公司以石忠高速公路隧道为依托工程,立项开展了重庆市交通科技项目(CQJT-ZCXM2024-15)"基于智慧运营的山区公路隧道低碳照明数字化管控技术研究"。根据项目研究成果,课题组编制了本书,以指导山区公路隧道照明数字化绿色化协同转型发展。

本书以降低山区公路隧道照明运营能耗，提升隧道智慧运营管控水平为目标，从隧道照明灯具、辅助亮化涂装和智慧照明管控三方面系统阐述了山区公路隧道智慧运营低碳照明及管控技术的节能设计、控制策略、运营维护等相关要求。同时，本书对研究成果在工程中的典型设计应用进行介绍，这对今后同类工程运营期隧道照明智慧管控及节能减排技术的研究和应用具有一定的参考价值。本书可供从事隧道工程机电设计、建设、管理的科技人员使用，也可作为高等院校隧道与地下工程专业能源与动力工程专业、能源与经济管理专业的参考用书。

由于作者水平有限，书中疏漏之处在所难免，有关意见和可反馈至招商局重庆交通科研设计院有限公司数字交通与智慧城市研究院（联系人：吴金锁，E-mail:wujinsuo@cmhk.com），以供今后修订时参考。

作 者
2025 年 2 月

主编单位：重庆渝东高速公路有限公司
参编单位：招商局重庆交通科研设计院有限公司
　　　　　重庆高速公路路网管理有限公司

编写人员名单

主　　编：杜　晟　戴晓虹　吴金锁　史玲娜
副 主 编：谢　晗　袁　超　文　森　王浩欢
参编人员：汪天举　周　欣　于欣彤　肖　尧
　　　　　肖子雨　刘贞毅　陈　晨　李远哲
　　　　　谭明军　陈　珍　周纪君　李茂华

目 录

第 1 章 总　则 ·· 1

第 2 章 术语和定义 ·· 2

第 3 章 隧道照明节能技术 ·· 3

  3.1 设计节能 ·· 3

  3.2 运维节能 ·· 5

  3.3 控制节能 ·· 7

第 4 章 隧道照明灯具选型 ·· 8

  4.1 灯具性能要求 ·· 8

  4.2 灯具布设要求 ··· 15

第 5 章 隧道内壁涂层增亮诱导设计 ······························ 16

  5.1 材料性能要求 ··· 16

  5.2 涂层性能要求 ··· 18

  5.3 样式设计要求 ··· 20

  5.4 施工工艺要求 ··· 26

  5.5 维护管理要求 ··· 31

第 6 章　隧道照明运营工况及控制策略 ················· 36
　6.1　隧道照明运营工况 ····························· 36
　6.2　隧道照明智能控制策略 ························· 39
　6.3　隧道照明控制系统验收 ························· 44

本指南用词用语说明 ································· 45

引用标准目录 ······································· 47

参考文献 ··· 49

第1章 总　则

（1）为贯彻国家绿色节能减排政策方针，指导高速公路运营隧道照明符合科学合理、经济安全、利用高效的原则，为高速公路隧道照明节能提供技术依据，制定本书。

（2）本书适用于新建和改建的山区公路隧道。其他等级公路新建、改建和扩建的隧道运营照明应用可参照执行。

（3）山区公路宜采用智能调光控制技术，根据交通量、洞外亮度和一天所处的时间段自动控制照明灯具的亮度，以达到"车来灯亮、车走灯熄、与车随行"的隧道照明安全节能效果。

（4）山区公路隧道宜采用高反射率蓄光型发光涂料，不仅可有效缓解隧道进出口驾驶人员视觉产生的"黑/白洞效应"现象，在火灾等灾害发生时起到阻燃和应急疏散引导作用，而且可改善隧道行车环境，增强路面亮度，节约公路隧道照明的运营成本。

（5）山区公路隧道照明策略除应符合本书外，尚应符合国家和行业现行有关标准的规定。

第2章 术语和定义

（1）按需照明 on-demand lighting

根据安全行车对照明的实际需要，因时因地制宜地提供相应的照明。

（2）无级调光 stepless dimming

人眼不能辨别相邻亮度等级之间亮度变化的一种照明调光方式。在公路隧道照明中，其调光亮度等级大于100级的照明调光方式可称为无级调光。

（3）照明运营工况 lighting conditions

根据隧道运营不同交通状态制定照明需求的工况分类。

（4）智能控制 intelligent control

根据隧道洞外亮度、车速、交通量和反馈洞内亮度等参数制定的算法自动控制隧道内照明灯具亮度的方式。

（5）公路隧道内壁涂层 inner wall coating of highway tunnel

涂覆于隧道内壁表面的薄型固态连续膜。

第3章 隧道照明节能技术

3.1 设计节能

合理设计是实现隧道照明节能的核心环节。隧道照明节能在满足照明标准的前提下，通过仔细分析隧道所处的地理位置、隧道规模、交通量大小等工程特点，合理选定设计参数，并进行不同光源、灯具选型、灯具布置形式以及分期实施方案等多种照明方案的全寿命周期经济技术比较，"因隧制宜"地确定最佳设计方案，避免凭经验的模式化设计。

（1）设计参数选取。

交通量对隧道照明装机功率具有较大的影响，设计阶段应做好交通量调查，由于目前LED灯具的使用寿命在5万小时左右，因此隧道照明宜按照通车后 5~6 年的预测交通量来进行设计，以便尽可能降低照明安装规模。

洞外亮度是影响隧道照明装机功率的又一个重要指标，准确地测量洞外亮度有助于合理设计隧道照明。对于新建隧道宜按照环境简图法确定洞外亮度，对于改造隧道宜采用照相法。设计完成后若实测值高于设计值且误差在25%以内的，可不调整设计，而是通过加强养护等措施提高路面亮度；若实测值低于设计值的，可采用调光控制或回路控制的方法降低照明亮度，以节约电能；若实测值高于设计值且误差在25%以上的，应重新设计。

（2）灯具选型。

设计宜选用发光效率高、寿命长、光通量利用率高的灯具，灯具的初始光效应不小于110 lm/W，灯具寿命应不小于50 000 h，灯具利用效率应不小于85%。推荐选用发光效率高，且灯具功率因数应不低于0.9的LED隧道照明灯。

以稀释烟尘作为隧道通风控制工况的隧道，基本照明宜选择透雾性能较好的光源；不以稀释烟尘作为隧道通风控制工况的隧道，基本照明宜选择显色性好的光源。宜积极选用发光效率高的隧道照明光源。

当显色指数大于等于65、色温介于3 500~6 500 K的LED光源用于隧道基本照明时，亮度可降低一半，但不得小于1 cd/m^2。

（3）接近段减光。

采用接近段减光技术可有效减轻"黑洞效应"，有助于减小洞外亮度取值。接近段减光包括但不限于以下方法。

① 隧道优先采用削竹式洞门结构，并进行坡面绿化。

② 洞口采用端墙形式时，墙面可采用暗色调，其装饰材料的反射率应小于 0.17。

③ 经硬化处理的隧道洞口边仰坡可进行暗化处理。

④ 洞口外至少一个照明停车视距长度的路面采用黑色路面。

（4）新技术、新方法节能。

积极谨慎采用新技术、新方法实现隧道照明节能。如采用太阳能照明供电、太阳光直接照明、蓄能发光材料、反光环、诱导标等辅助照明措施改善隧道照明光环境等。

（5）分期实施。

对于初期交通量不大，后期到一定阶段交通量显著增长的隧道，可采用分期实施的办法，降低初期照明规模，既可节能又可节约投资。

3.2　运维节能

（1）初始光效节能。

初期使用的灯具其发光效率最高，此后随着时间的推移发光效率会慢慢下降，照明设计亮度通常要比灯具初期亮度低很多，因此在灯具使用的头两年内可通过调节新装灯具的功率的办法实现节能。如采用调光控制等方式降低照明功率使得照明亮度维持在设计值附近，既节能又不降低路面均匀度。

（2）养护节能。

经常清洗的灯具利用效率高，因而亮度较高，配合无级调光控制可降低照明能耗，因此应按照不低于《公路隧道养护技术规范》(JTG H12)规定的养护频次进行隧道灯具的清洁。

（3）运营节能。

运营管理部门应根据洞外亮度和交通量的变化，进行隧道入口段、过渡段和出口段的调光控制，如按照《公路隧道照明设计细则》(JTG/T D70/2-01—2014)中的方法进行调光方案设计。

隧道夜间照明可采用关闭部分灯具的方法实现节能运行。

① 夜间应关闭隧道入口段、过渡段和出口段的加强照明灯具。

② 长度小于或等于 500 m 且设有自发光诱导设施和

定向反光轮廓标的高速公路和一级公路隧道，夜间可关闭全部灯具。

③ 长度小于或等于 1 000 m 且设有定向反光轮廓标的二级公路隧道，夜间可关闭全部灯具。

④ 公路设有照明时，其路段上的隧道夜间照明亮度应与道路亮度水平一致；公路未设置照明时，高速公路和一级公路隧道夜间照明亮度可取 1.0 cd/m^2，二级公路隧道夜间照明亮度可取 0.5 cd/m^2。

⑤ 单向交通隧道夜间交通量不大于 350 veh/（h·ln）、双向交通隧道夜间交通量不大于 180 veh/（h·ln）时，可只开启应急照明。

3.3 控制节能

隧道照明应根据不同天气情况及交通量情况采用不同的控制方案，智能控制技术能够在确保安全的前提下，精确且高效地实现节能运行，同时又减轻了工作人员的负担，避免出现人为选择不当，是一项值得推广的节能技术。智能控制策略详见第 6 章。

第 4 章 隧道照明灯具选型

4.1 灯具性能要求

4.1.1 一般要求

(1)公路隧道 LED 照明灯具应设有 DC0-10 V 的模拟信号调光接口,方便隧道智能照明系统控制器对灯具进行调光控制。

(2)公路隧道 LED 照明灯具上的连接导线应为防水电缆,线间接头应为防水接头。

(3)公路隧道 LED 照明灯具的配光性能应能满足隧道照明要求,并应符合《公路 LED 照明灯具 第 2 部分:公路隧道 LED 照明灯具》(JT/T 939.2—2014)第 5.14 条 灯具配光分布的要求。

(4)公路隧道 LED 照明灯具的光源为大功率 COB 光源;整灯光效应大于或等于 140 lm/W。

(5)公路隧道 LED 照明灯具应能在−25～40℃温度范围内

正常点亮，并能持续工作。

（6）公路隧道 LED 照明灯具应能在 98%的相对湿度环境下持续工作。

4.1.2 外 观

（1）灯具表面应光滑，外观应良好，不应有破损、不可接受的划痕和裂纹、油漆脱落等缺陷。

（2）灯具的部件应齐全、完整，无影响性能的缺陷。

（3）各部件应安装牢固，无松动现象。

（4）灯具封口、电缆引入口等应密封良好。

（5）各密封件应耐温、耐老化和耐腐蚀性，并方便更换。

4.1.3 结 构

（1）公路隧道 LED 照明灯具的设计和结构应使它们在正常使用中不致对使用人员或周围环境造成危害，LED 以及其他部件应符合有关标准规定。

（2）公路隧道 LED 照明灯具的电源与灯具应为分体式设计，电源的安装应便于拆卸和更换。

（3）公路隧道 LED 照明灯具应坚固耐用，并能承受一定的机械应力和热应力。

（4）公路隧道LED照明灯具应安装方便，安装角度应能灵活调节。100 W及以下功率灯具支架厚度应不低于2 mm，100 W以上功率灯具支架厚度应不低于2.8 mm，表面应作防锈、防腐处理。

（5）公路隧道LED照明灯具和电源的防护等级均应达到IP65。

（6）公路隧道LED照明灯具的内、外部接线穿过硬质材料时应有保护措施，其内部和外部的接线要求应符合GB 7000.1—2023的相关要求。

（7）公路隧道LED照明灯具的电源输入端与电源外壳或电源输出端之间必须采取电气隔离措施，其电气安全性能应符合《公路LED照明灯具 第1部分：通则》(JT/T 939.1—2014)第5.13条电气安全性能的要求，且与灯具电源输入端连通的金属部件不得外露。

（8）公路隧道LED照明灯具的金属外壳与电源外壳及其接地装置在电气上应形成整体，并便于安装时将其接地装置与隧道照明系统接地干线相连接。

（9）LED金属热沉与铝基板之间应采用焊接方式。

（10）其他结构要求应符合 GB 7000.1 中第 4 条的规定。

4.1.4 灯具调光性能

（1）公路隧道 LED 照明灯具应具备调光控制信号接收和响应功能，满足灯具亮度调节控制要求。

（2）公路隧道 LED 照明灯具自带 0~10 V 调光控制驱动，能够实现 10%~100%亮度范围内连续可调。当控制信号断线或悬空时能够自动调整到 100%亮度输出；同一回路灯具某一盏灯具损坏时，不得影响其他灯具调光。

（3）灯具的控制输入端应具有防止正负极之间短路和对外壳短路的能力。

4.1.5 光学性能

（1）LED 的颜色、色温。色温见图纸，每种照明灯具整批色温偏差应在±500 K 范围内。

（2）公路隧道 LED 照明灯具发光角度为 130°。

（3）显色指数 70。

（4）透镜必须采用钢化光学玻璃透镜。

（5）灯具应采取必要的防眩光设计，眩光限制满足不舒适眩光指数 G≤5。

4.1.6 电气参数

（1）电源应在-25～+60℃工作环境温度、AC220V±20%工作电压和(50±2)Hz工作频率下正常持续工作。能在10%～100%的控制输出功率状态下正常启动。

（2）灯具光源额定功率标注误差不应超过5%。

（3）公路隧道LED照明灯具的恒流驱动电源的效率不应低于90%，灯具功率因数应不低于0.9。

（4）LED恒流驱动电源的输出电流纹波系数应不大于5%。

（5）公路隧道LED照明灯具的电源必须具有防感应雷击功能。

（6）驱动控制器应具有过流、过热、短路保护功能。

（7）驱动电源寿命≥30 000 h，光源寿命≥50 000 h。在隧道内正常环境温度条件下，连续使用3 000 h光通量维持率≥96%，6 000 h光通量维持率≥92%，50 000 h光通量维持率≥70%。

（8）电气保护类别应满足Ⅱ类，湿态介电强度1 500 V、50 Hz、1 min，湿态绝缘电阻>2 MΩ。

（9）电磁兼容性要求。输入电流谐波符合 GB 17625.1 的规定，无线电骚扰特性符合 GB 17743 的规定，电磁兼容抗扰度符合 GB/T 18595 的规定。

4.1.7 安全性能

（1）防触电保护。

① 电源驱动控制器的安全要求符合 GB 19510.1 和 GB/T 24825 的规定。

② 电源输入端应设有防水电缆接头；电源输出电缆须经过防水电缆接头方可引入灯具；控制电缆也应通过防水电缆接头与控制母线相连接。电缆防水接头的电能供应侧必须为插孔（母头），电能接受侧必须为插针（公头）。配线进口应密封，以防进入水汽。灯具自带 220 V 电源线及调光控制线长度应不小于 2.5 m。

③ 输入、输出和控制电缆接头不得相互通用。

（2）绝缘电阻。

① 公路隧道 LED 照明灯具电源输入端与电源壳体或电源输出端之间的绝缘电阻不应低于 100 MΩ。电源输出端（含控制端）与灯壳、散热体之间的绝缘电阻不应低于

100 MΩ（输出应采用直流方式测量，以免 LED 反向击穿）。

②公路隧道 LED 照明灯具电源的控制端的输入电阻应不低于 5 MΩ，即使在断电或故障状态下也不得下降。

（3）电气强度。公路隧道 LED 照明灯具电源输入端与电源壳体或电源输出端之间应能承受 2 500 V 的工频电压而不出现闪络现象。

（4）爬电距离和电气间隙。爬电距离和电气间隙应符合 GB 7000.1 中第 11 条的要求，控制信号输入端的电气间隙和爬电距离应与电源输入端相同。

（5）电源输入端应具有防短路保护功能。当电源输入端半导体器件生发电压击穿时，电源短路保护元件应能自动开路或处于高阻状态。

（6）控制端防误接能力。控制端应能承受 AC110V 电压持续 1 min 而不会损坏电源。

4.1.8 温 升

（1）公路隧道 LED 照明灯具在满功率状态下的散热片最热部位的温升不应超过 30℃，散热片表面温度均匀性不大于±2℃。

（2）灯具在正常工作过程中电源的温升不应大于35℃。

4.2 灯具布设要求

灯具布设满足《公路隧道照明设计细则》(JTG D70/2-01—2014)规定的隧道各照明段平均亮度、亮度总均匀度、路面中线亮度纵向均匀度设计值。

第 5 章　隧道内壁涂层增亮诱导设计

5.1　材料性能要求

（1）公路隧道内壁涂层材料应选用水性环保材料。

（2）应根据隧道环境针对性选择涂层材料，应符合下列规定：

　　① 低温地区的公路隧道，材料应具有良好的抗低温性及低温施工成膜性；

　　② 含水率较大或盐碱性岩体的公路隧道，材料应具有良好的附着力、耐潮湿和抗霉菌性能；

　　③ 地质地层或环境空气呈酸性的公路隧道，材料除应满足②的规定外，还应具备良好的耐盐雾腐蚀性；

　　④ 大交通量或重工业区域公路隧道，材料除应满足①和②的规定外，还应具备较好的耐污性和易清洁性。

（3）当对涂层有蓄能发光、自清洁性等特殊性能要求时，应选用相应的功能性涂层材料。

（4）物理化学性能。产品的物理化学性能应符合表 5.1 的要求。

表 5.1　材料性能要求

序号	项目		指标
1	容器中状态		无硬块，搅拌后呈均匀状态
2	施工性		刷涂二道无障碍
3	涂膜外观		涂膜均匀，无明显缩孔和开裂，暗室内可观察到明显发光现象
4	干燥时间（表干）/h		≤2
5	耐水性		168 h 不起泡、不剥落、不泛白
6	耐碱性		168 h 不起泡、不剥落、不泛白
7	耐酸性		48 h 不起泡、不剥落、不泛白
8	附着力/级		≤1
9	涂层耐温变性（3 次循环）		无异常
10	耐洗刷性/次		≥10 000
11	可见光反射率（D_{65} 标准光源）		≥0.75
12	耐沾污性（白色和浅色）/%		（白色和浅色）/%≤15
13	发光亮度/（mcd/m²）（波长单色 400 μm 全状态 60 W）	激发亮度	1 min ≥ 350 Lx（1 cd/m²=15 Lx）折合 23 cd/m²
		激发停止亮度（贴近）	1 min 内 ≥ 2 Lx（1 cd/m²=15 Lx）折合 130 mcd/m² 或 10 min ≥ 1.2 Lx（1 cd/m²=15 Lx）折合 80 mcd/m²
		激发停止亮度（贴近）	1 h 内 ≥ 10 mcd/m²
14	耐人工气候老化性（1 000 h）	外观	不起泡、不剥落、无裂纹
		粉化/级	≤1
		变色/级	≤2
		发光亮度下降率/%	≤5
		余辉时间/h	≥10

续表

序号	项目	指标
15	实际干燥时间	≤24 h
16	表面干燥时间	≤50 min
17	粘度（涂-4粘度计）	$S \geqslant 50S$
18	附着力（划格法）	≤1

5.2 涂层性能要求

（1）隧道涂层设计应遵循行车安全性和舒适性原则，避免出现影响干扰驾乘人员注意力的过度设计。

（2）隧道涂层设计应根据行车视觉需求配合照明区段对隧道入口段、过渡段、中间段和出口段进行分区设计。

（3）公路隧道内壁涂层应具备亮化性、耐候性、耐污性和易清洗性。

（4）公路隧道内壁涂层应满足下列要求：

① 底层应具有与基层较高的附着力，为中间层或面层提供牢固的基础；

② 中间层应具有与底层和面层较好的相容性和附着力，具备较好的填平性功能；

③ 面层除应满足（3）的要求外，还应具备耐摩擦性能。

（5）涂层应满足表 5.2 的亮化性要求。

表 5.2 涂层的亮化性要求

序号	项目	反射率
1	白色或浅色的非自发光涂层	≥0.7
2	自发光涂层	≥0.8

（6）涂层应满足表 5.3 的耐候性要求。

表 5.3 涂层的耐候性要求

序号	项目		要求
1	耐人工气候老化性 3 000 h	外观	不起泡、不剥落、无裂纹
		粉化	≤1 级
		变色	≤2 级
2	附着力		≤1 级
3	耐水、耐碱、耐酸性		720 h 无异常
4	涂层耐温变性 5 次循环		无异常
5			

（7）涂层应具有良好的连续表层外观，无缩孔和开裂现象。

（8）涂层的表干时间不应高于 2 h。

（9）涂层耐洗刷次数应按现行《建筑涂料 涂层耐洗刷性的测定》（GB/T 9266—2009）测定，不低于 10 000 次。

（10）高速公路隧道内壁涂层应满足一年内耐污性不大于 10%；大交通量高速公路隧道内壁涂层应满足半年内耐污性不大于 10%，其他等级公路隧道内壁涂层应满足一年内耐污性不大于15%。

5.3 样式设计要求

（1）公路隧道内壁涂层设计宜与照明系统设计相结合，应满足《公路隧道照明设计细则》（JTG/T D70/2-01—2014）的反射率要求，可根据《公路隧道照明质量评价规程》（T/CECS G：F73-01—2021）进行节能调光控制。

（2）公路隧道内壁涂层主色宜采用白色或接近白色的浅色，其他功能性涂层颜色应符合公路交通标识颜色要求。

（3）公路隧道入口和出口全断面涂装时，长度宜与现行《公路隧道照明设计细则》（JTG/T D70/2-01—2014）规定的入口段和出口段长度一致。公路隧道入口段和出口段全断面涂装设计见图5.1。

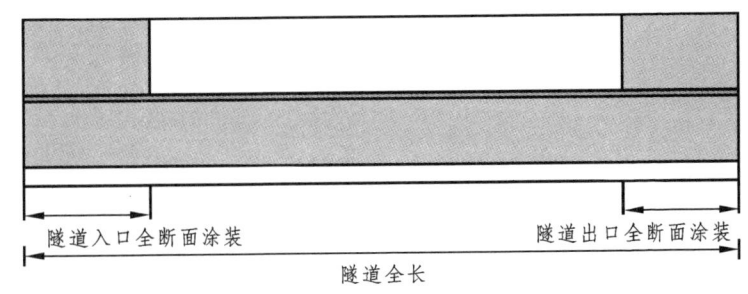

图 5.1 公路隧道入口和出口全断面涂装设计

（4）公路隧道洞身涂层设计高度宜满足表 5.4 的要求。

表 5.4 公路隧道洞身涂层设计高度

车道数	涂装高度/m
两车道隧道	≥2.0
三车道隧道	≥2.5
四车道隧道	≥3.0

（5）隧道内壁涂层宜在检修道以上 30 cm 起开始涂装。

（6）采用自发光材料涂层辅助隧道照明时，路面亮度应满足《公路隧道照明设计细则》(JTG/T D70/2-01—2014）规定。

（7）隧道涂层视线引导设计可包括腰线设计、消防设施设计、机电设施设计、人/车行横通道引导设计。

（8）公路隧道内壁腰线设计见图 5.2，隧道洞身可根据视线引导要求设置腰线，同时应符合下列要求：

① 腰线颜色应具备明显可辨识性，并与洞身整体涂层颜色相协调；

② 腰线可设置于隧道墙面涂层区域上沿，腰线的宽度宜为 30 cm。

（9）隧道内消防设施安装洞室四周应设计 30 cm 宽度的红色边框警醒涂层，见图 5.2。

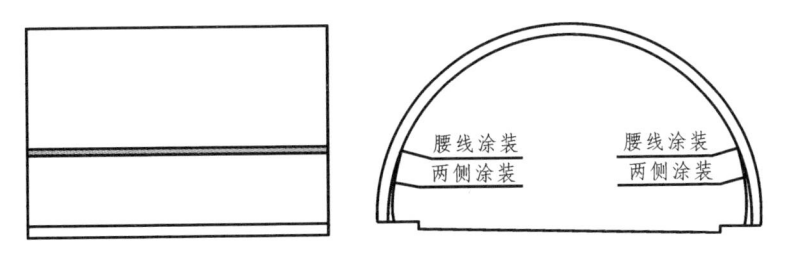

图 5.2 公路隧道内壁腰线设计

（10）隧道内其他机电设备安装洞室四周可设计 30 cm 宽度的橙色边框涂层，见图 5.3。

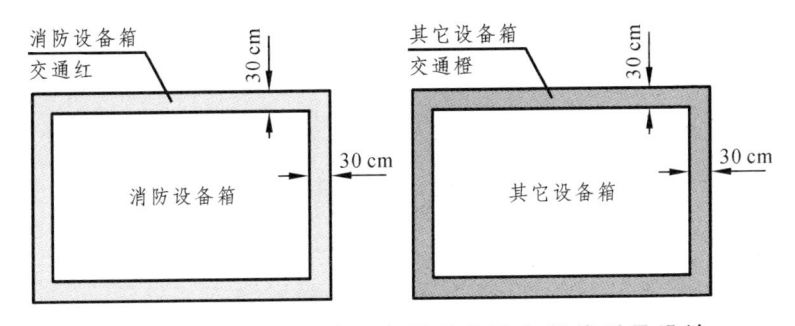

图 5.3 公路隧道消防设备及其他设备视线诱导设计

（11）见图 5.4、图 5.5，隧道人/车行横通道涂层设计应符合下列要求：

① 宜采用明亮、醒目的橙色对隧道人/车行横通道门框进行涂装；

② 人/车行横通道门框涂层宽度宜为 50 cm；

③ 可在人/车行横通道门框进行突出弧形结构框设计，

结构框的宽度宜为 50 cm，涂层涂覆于结构框表层。

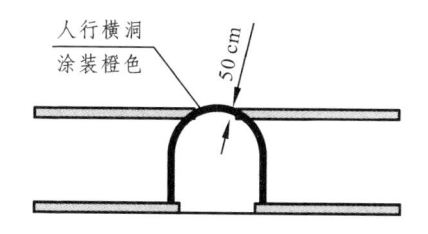

图 5.4　公路隧道人行横通道设计

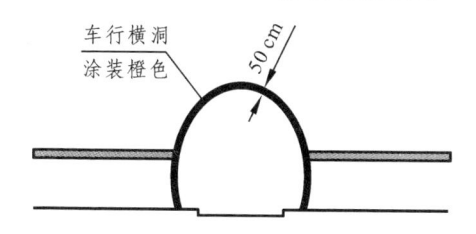

图 5.5　公路隧道车行横通道设计

（12）宜根据安全警示和应急逃生引导需求设计涂层壁面标识。

（13）宜在隧道人行横通道、紧急停车带设置涂层壁面标识。

（14）特长公路隧道宜进行位置分区涂层壁面标识设计。

（15）涂层壁面标识设计应充分考虑驾驶人的视觉特性和驾驶心理。

（16）涂层壁面标识设计可与景观设计相结合，如有景观带设计时，景观带前后宜设置过渡段实现两者之间的自然视觉过渡。

（17）涂层壁面标识可采用亮化耐污材料和自发光材料相结合的方式设计，自发光材料在暗环境中的发光亮度不低于 2 cd/m²，熄灯后持续时间不少于 30 min。

（18）涂层壁面标识应满足 1 倍停车视距处可辨识要求，设计尺寸宜符合表 5.5 要求。

表 5.5 壁面标识尺寸要求

壁面标识类型	单个图形纵向尺寸/m	单个图形横向尺寸/m	填充面积/m²
人行横通道壁面标识	6	1.2	10×2.4
紧急停车带壁面标识	2	1.5	30×2.4
位置分区壁面标识	2.4	2.4	8×2.4

（19）公路隧道紧急停车带壁面标识设计（见图 5.6）应满足以下要求：

① 宜在进入紧急停车带前 30 m 涂装范围内设置引导箭头和文字标识；

② 引导箭头颜色宜为绿色，间距宜为 2 m，连续布置长度 20 m；

③ 文字区域的边墙颜色宜为绿色，文字颜色与边墙主色一致，布置长度 10 m；

④ 引导箭头和文字区域宜采用自发光材料。

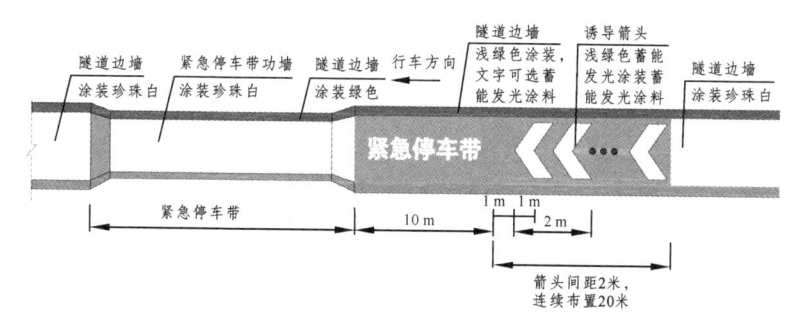

图 5.6 紧急停车带壁面标识设计

（20）公路隧道人行横通道壁面标识设计（见图 5.7）应满足下列要求：

① 应在人行横通道两侧 10 m 涂装高度范围内，设置箭头引导标识；

② 箭头标志颜色应与墙面的主色醒目区分，宜为绿色（色号：1166）；

③ 疏散指引区域宜采用蓄能发光涂料设计。

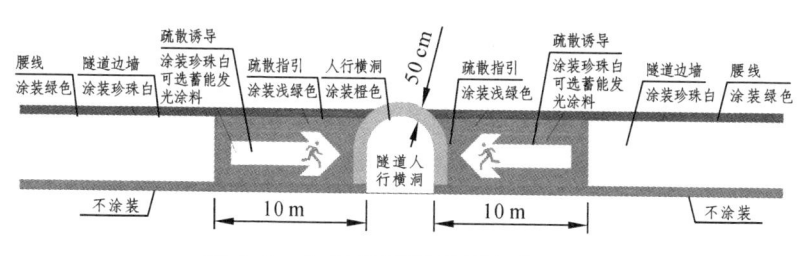

图 5.7 人行横通道壁面标识设计

（21）特长公路隧道宜进行位置分区，区段长度宜为150~200 m，按数字递增进行编号。

（22）位置分区涂层壁面标识设计见图5.8，其设计应满足下列要求：

① 位置分区涂层壁面标识宜包括隧道名称、行车方向、救援电话和所处位置等信息；

② 位置分区涂层壁面标识图案信息应直接醒目易辨识，颜色宜采用绿色、橙色、红色等对比明显的警醒色组合。

图5.8 位置分区壁面标识设计

5.4 施工工艺要求

5.4.1 一般规定

（1）涂层施工前应检查涂料的产品合格证书、性能检测报告、有害物质限量检验报告，并进行记录，同时由建设、监理、施工承包单位共同从现场涂料中随机取样并根据合同或三方商定的抽检指标委托具备相应检测资质的第三方检测机构进行检测，结果应符合本规程和设计要求。

（2）涂层施工应根据运营、改扩建或新建隧道制定对应的施工组织方案，优化施工顺序，工序的交叉应满足材料表干时间要求。

（3）有渗水的隧道应做好渗水整治后再开展涂层施工。

（4）涂料的使用应按产品说明书的方法进行，涂装方法可采用刷涂、滚涂、喷涂，并应保证涂装质量。

（5）应按设计要求的涂装遍数和涂膜厚度进行施工，并做好检查记录。

（6）施工前将可能污染的部位、设备和元件采用塑料袋、薄膜、胶带做好防护，涂层施工全过程中注意避免造成污染或损坏。

（7）涂层施工应遵循自上而下的原则依次涂刷，避免流挂或污染。

5.4.2 施工条件

（1）涂料需在一定的温度下才能形成连续膜，施工现场温度宜在 5~35℃，并应注意通风换气和防尘。

（2）涂层施工前隧道基层表面应平整、无油污、无浮尘、无麻面及无松散空鼓现象，且含水率不宜大于8%。

（3）涂层施工时空气相对湿度宜为15%~60%，最高不应超过80%。

5.4.3 施工流程

（1）隧道涂装涂料施工前，对隧道衬砌基层表面进行下列处理：

① 施工前，用砂轮打磨机等清除基层的疏松层、浮灰、浮尘、脱模剂、油污和污泽等杂物。

② 隧道衬砌接头部或衬砌表面有严重错台时，用水泥胶砂将其找补处理圆顺。

③ 进行下一道工序前墙面需要清扫干净。

（2）刮防水腻子层、打磨：刮上两遍防水腻子后，打磨、除尘，使之均匀、平整、干净。

① 墙面刮两遍防水腻子（高度3.5 m）。

② 防水腻子干燥后，用砂轮机进行打磨处理，将表面防水腻子打磨平整并清理浮尘。

（3）喷涂两遍白色底漆：共计喷涂2遍，厚度大于30 μm；

涂装涂料施工采用专用的喷涂设备，涂装涂料施工时要连续喷涂均匀，无漏涂，基本无色差，无流挂和结块，喷涂要平整。施工时上一道喷涂干燥后方可进行下一遍喷涂。整体干燥验收合格后方可进行下一道工序施工，白色底涂完成后可起到增光增亮作用。

（4）喷涂稀土长余辉储能发光涂料：共计喷涂3遍。将稀土长余辉储能发光涂料与添加剂按科学比例混合搅拌均匀；拌制好材料色泽应均匀，搅拌好的涂料在桶内无结块、团粉情况。

长余辉储能发光涂料：共计喷涂3遍，厚度≥18 μm。涂装涂料施工采用专用的喷涂设备，涂装涂料施工时要连续喷涂均匀，无漏涂，基本无色差，无流挂和结块，喷涂要平整。施工时上一道喷涂干燥合格后方可进行下一道喷涂施工。

（5）喷涂自洁面漆：自洁面漆为白色透明保护罩光层，共喷涂两遍成型；涂装涂料施工采用专用的喷涂设备，涂装涂料施工时要连续喷涂均匀，无漏涂，基本无色差，无流挂和结块，喷涂要平整。施工时上一道喷涂干燥后方可进行下一遍喷涂。自洁面漆具有疏水自洁净、耐火阻燃、耐洗刷、耐酸碱等功能；安全保护涂料墙面，节约清洗用水与清洗时间。

（6）隧道涂装材料喷涂注意事项：

① 涂装涂料施工采用专用的喷涂设备，喷涂时能连续、均匀地把涂料喷涂到基层上。

② 涂装涂料施工应符合设计规定，并通过多次喷涂达到设计厚度。

后一层涂料的施工要在前一层达到一定强度后进行，在常温下每层喷涂施工的时间间隔应在一周以上。各层应粘结牢固。

③ 涂装涂料施工时要喷涂均匀，无漏涂，基本无色差，无流挂和结块，喷涂要平整。在喷涂前两层过程中对局部缺陷要及时采取措施改进，以使喷涂表面平整。交叉作业时协调好先后工序和防护工作。喷涂施工顺序应从隧道腰部向顶部（从下而上）进行。

④ 喷涂与涂抹应相结合。喷涂施工时，喷枪的喷嘴要垂直于基面，合理调整压力、喷嘴与基面距离。因喷涂表面不够光滑，所以在最后一次喷涂完后立即用涂料进行手工补填、压实、修整、抹平，使涂层表面平整度及厚度达

到设计要求，如遇气泡应挑破压实，保证涂抹密实。如有损伤要及时修补。抹平和压实要在初凝前完成。在基层基本干透成型后方可进行表面的饰面施工。

⑤ 涂装涂料施工期间及施工后的 24 h 内。环境温度不应低于 5 ℃。湿度不应大于 80%。在极度干燥的条件下，要创造必要的养护条件，防止涂层失水过快而开裂。

⑥ 施工结束后，及时将施工机具清洗干净。

5.5 维护管理要求

5.5.1 材料的维护管理

（1）材料技术条件。

涂层材料应具有技术条件，并将其作为原材料检查验收的标准和依据。

（2）材料检查。

进场检验是保证质量的第一道工序，是防止不合格材料进入生产线的关键。

（3）材料储运。

涂装材料一般都是易燃的危险品，而且有储运时间的要求，为此储运工作要求做到：

① 严禁露天存放涂装材料、严禁用敞口窗口储存或运输材料；

② 涂装材料的储存地点要求通风良好、无阳光直射；

③ 在输送含有有机溶剂的涂料时应防静电的积聚；

④ 原材料管理要先进先出，防止超期储存；

⑤ 原材料的储运场所严禁烟火，注意防火安全。

（4）材料调制。

① 在开桶前应吹净擦净涂料桶的外包装，严防开桶时灰尘和杂物混入涂料中；

② 开桶后检查涂料，不应有结皮、结块等现象；

③ 将原漆搅匀后倒入调漆罐，每次要倒净；

④ 按涂料技术要求选用溶剂（稀释剂）；

⑤ 按工艺要求调整涂料的施工粘度。因粘度随着温度变化而不同，所以要用粘度曲线及时校正。

（5）涂料管理。

① 调配好的涂料数量不应超过 3 天的使用量；

② 调配好的涂料应贮存在清洁的密封容器中；

③ 生产现场的存量不超过一个班的用量；

④ 调配好的涂料在使用前用相应的筛网过滤；

⑤ 集中输送涂料的系统，要保持涂料的不断地循环。

5.5.2 涂装设备及工具的管理

（1）各设备应有操作规程。在启动设备、运转设备和关闭设备时，严格按操作规程操作。

（2）各台设备应有专人负责，各级管理人员应定期检查设备的运转状况，并做好记录。

（3）应编制主要和关键设备的检修和保养计划，做到定期检修和保养。

5.5.3 涂装现场管理

在涂料施工后，要想取得最终的优良装饰效果，还必须注意成品保护，涂料的成品保护有两个阶段。

（1）涂料干燥前的成品保护。

在涂料施工之前要充分考虑到温度的变化，选择适宜涂料成膜的温度进行施工。喷涂面漆时应封洞作业，防止过往工程车所扬起的灰尘对饰面的污染。除温度变化的影响外，还有人为地对饰面造成破坏的因素，要避免移动台车的搬移不当对饰面的磕碰等。

（2）涂料干燥后的成品保护。

涂料成膜干燥后,温度变化对饰面质量不会造成影响,但人为因素对饰面的威胁还很大,除了灰尘的污染以外,移动台车及工装机具的拆除等都有可能对饰面造成划痕和碰伤。

5.5.4 涂装运维管理

（1）涂层应保持清洁和干燥,清洗频率如表5.6、表5.7所示。

表5.6 高速公路、一级公路隧道清洁频率

清洁项目	养护等级		
	一级	二级	三级
内装饰、检修道、横通道、标志、标线、轮廓标	1次/月	1次/2月	1次/季度
顶板	1次/半年	1次/年	1次/2年
侧墙、洞门	1次/2月	1次/季度	1次/半年

表5.7 二级及以下公路隧道清洁频率

清洁项目	养护等级		
	一级	二级	三级
内装饰、侧墙、洞门、横通道、标志、标线、轮廓标	1次/季度	1次/半年	1次/年
顶板	1次/年	1次/2年	1次/3年

（2）涂层应按《公路隧道养护技术规范》(JTG H12—2015)要求进行检查，检查宜以目测为主，辅以敲击、尺量、摄像等方法记录检测结果。

（3）涂层因车辆刮擦、碰撞、火灾或其他原因造成损坏时，应及时修补。修补采用的涂料应与原涂料相同或者相容。

（4）当涂层达到使用年限时，应先对涂层的表面状态进行全面检查；当涂层表面无裂纹、无气泡、无严重粉化时，再检查涂层附着力，当附着力仍符合设计要求时，则涂层可以保留继续使用，但应在其表面涂装两道原面层涂料，涂装前应对原涂层表面进行清洁处理。

（5）当涂层达到使用年限时，当检查发现涂层有裂纹、气泡、严重粉化或涂层附着力低于设计要求时，则认为涂层的防护能力已失效。

第6章 隧道照明运营工况及控制策略

6.1 隧道照明运营工况

6.1.1 工况分类

隧道照明运营工况应按表6.1规定执行。

表6.1 隧道照明运营工况分类表

工况	判定条件	典型场景
正常运营工况	区间路段实际平均车速 $\bar{v} \geq 35$ km/h	交通状况良好,无交通事故、火灾等其他异常事件发生,隧道有序运行
交通管制工况	为保证安全需要在正常运行时段开展人为交通管制的情况,通常会事先通知	占道养护作业或节假日交通量大或临时性重点检查工作为保证安全所需的交通管制
拥堵工况	区间路段实际平均车速 $\bar{v} < 35$ km/h	交通量过大,造成交通拥堵;隧道内发生交通事故;恶劣天气、异常路面条件(道路坍塌、抛洒物)或车辆抛锚
火灾工况	火灾报警系统、事件检测系统等方式检测,通过视频、电话、现场确认等方式人为判定	隧道内发生火灾;危化品泄漏、爆炸等

注:拥堵工况和正常运营工况实际平均车速取自《道路交通拥堵度评价方法》(GA/T 115—2020)。

6.1.2 控制策略执行及取消方式

隧道照明运营控制策略应与运营工况一一对应，执行及取消方式包括全自动方式、远程手动方式、现场手动方式、时序方式四种。正常工况下应采用全自动控制方式，若全自动控制方式失效，采用远程手动控制方式或时序方式，特殊情况下采用现场手动方式，且现场手动方式控制优先级别最高。

（1）全自动方式。

执行：系统可自动地对隧道交通量、有无来车、洞外亮度等相关参数进行判读、分析后，选择合理的控制措施，实现"车来开亮、车走灯暗、与车随行、按需照明"。

取消：① 系统检测到相应策略的条件不满足时，取消该策略并自动转为时序控制，同时报警。② 手动切换到其他控制方式，此时不报警，但应记录本次操作的相关信息。

（2）远程手动方式。

执行：采用远程手动控制方式时，在网络正常情况下，作业人员可根据实际需要，调节隧道加强值照明和基本照明的亮度，以适应当前现场的情形。

取消：当需要远程手动控制的指令、任务结束后，应恢复全自动控制。

（3）现场手动方式。

执行：在特殊情况下，通过人工现场手动操作至需要的亮度。

取消：当影响系统正常控制的因素消除后，应恢复到全自动控制。

（4）时序方式。

执行：按设定的时间和控制策略，通过不同时间段进行调光控制。

取消：操作人员根据系统反馈的信息判断策略不需要继续执行时，人工取消该策略。

6.1.3 照明控制方式

针对不同的应用情况、环境使用和运行工况，照明控制方式宜按表6.2执行：

表 6.2 公路隧道照明控制策略

序号	控制方式	功能及响应条件
1	现场手动控制	供电异常、系统故障
2	远程手动控制	养护工况
		拥堵工况
		火灾工况

续表

序号	控制方式	功能及响应条件
3	全自动控制	正常工况
4	时序控制	网络故障或传感器损坏

6.2 隧道照明智能控制策略

6.2.1 正常工况

（1）控制分级。

隧道加强照明应根据洞外亮度和交通量（表6.3）进行分类和分级控制，其亮度等级不低于100级。

表6.3 交通量等级划分

交通量	单向交通/(veh/(h.ln))	双向交通/(veh/(h.ln))
大交通量	$N \geqslant 1\ 200$	$N \geqslant 650$
中交通量	$350 < N < 1\ 200$	$180 < N < 650$
小交通量	$N \leqslant 350$	$N \leqslant 180$

公路隧道内照明控制可按照入口段1、入口段2、过渡段1、过渡段2、基本段、出口段1、出口段2进行分段控制，也对加强照明整体调光。

（2）实现方式。

全自动方式，具体如下：洞外亮度检测仪将检测到的隧道洞外亮度信号传送至调光控制器，车流量检测器将检测到的隧道外部车流量信息传送至调光控制器，洞内亮度监测装置将检测到的隧道洞内入口段和中间段亮度信号传送至调光控制器，光电车检器或微波车检器将检测到的车辆信号传送至调光控制器。

设于调光控制柜内的隧道智能照明系统控制器根据洞外亮度及车流量信息，分别计算出入口各段加强照明和基本照明相应的调光功率，再将其分别转换为 DC0～5 V/0～10 V/PWM 信号输出，调光信号经控制总线送至设于隧道洞内的分控器中。分控器根据车检器检测到的有无车辆信号，控制所属区段是否采用控制总线信号（按需照明信号）还是采用待机照明信号（最小亮度信号）。当某区段有车到来时，车检控制器即控制所属下一区段的控制分线按控制总线信号调光；车辆离开后，车检控制器延迟若干秒后，若再无车辆到来，则将调光控制分线信号由总线切换至待机状态；若有车辆到来，则继续延迟。调光控制总线应具有两路或以上输出，一路为加强照明控制总线，一路为基本和出口加强照明控制总线。各区段的灯具均并联在该区段的控制分线上。控制分线上的电压变化，会使灯具输出功率和输出光通量发生变化，从而达到控制被照场所亮度的目的。设于监控中心的上位机通过以太网光端机与现场的隧道智能照明系统控制器实现通信。上位机利用无级调光监控管理软件，实现相关参数的设定、指令下达、实时信号读取和储存。

白天加强照明灯具开启，隧道智能照明系统控制器根据洞外亮度、车流量和是否有车到来等信息，经计算后将其转为灯具控制信号输出，控制照明系统中加强照明灯上的 LED 驱动电流，从而实现控制入口路段加强照明亮度的目的；夜间加强照明灯具关闭，不再调光。

隧道智能照明系统控制器能够根据车流量信息、不同的时间段以及不同区段是否有车到来等情况，自动调节基本及出口加强照明的亮度。深夜系统会自动降低照明功率至需要的数值。出口加强照明晚上关闭电源回路。

6.2.2 养护工况

若需采取封洞措施进行养护作业，根据养护作业的具体需求手动调节到需要的亮度水平；若无须采取封洞措施进行养护作业，宜采取速度控制措施降低车辆行驶速度，车速宜控制在60 km/h以下,按照正常工况进行照明控制。

6.2.3 拥堵工况

(1)交通事故工况。

隧道交通事故状况照明控制,保持正常工况亮度水平,通过事故隧道内的广播、车道指示器、情报板等设施,提醒驾驶员谨慎驾驶。

(2)交通阻滞工况。

在交通阻滞工况下,当隧道内交通量较大、行车条件较差时,宜迅速采取交通流量控制、机械通风措施稀释烟雾浓度,同时将阻滞隧道内基本照明灯具开启到最大程度,以便为驾驶员提供良好的视觉环境,待烟雾浓度稀释到正常水平,恢复照明控制至正常工况。

实现方式:半自动控制,也可人工控制。

6.2.4 火灾工况

当隧道火灾经监控系统确认后,无论照明现状如何,在照明控制系统没有失效的前提下,应将火灾隧道应急照明灯具开启到最大程度,以利于应急救援和火灾逃生。

根据火灾发生的位置以及对照明回路的监测，手动打开所有的照明回路，包括基本照明、加强照明和应急照明。实现方式：半自动控制，也可人工控制。

6.2.5 多种工况

当隧道发生拥堵、火灾或交通管制等多种工况共存时，经信息确认后，应根据最不利工况进行照明调光控制，控制流程如图6.1所示。最不利工况的顺序依次为火灾工况、拥堵工况、交通管制工况。

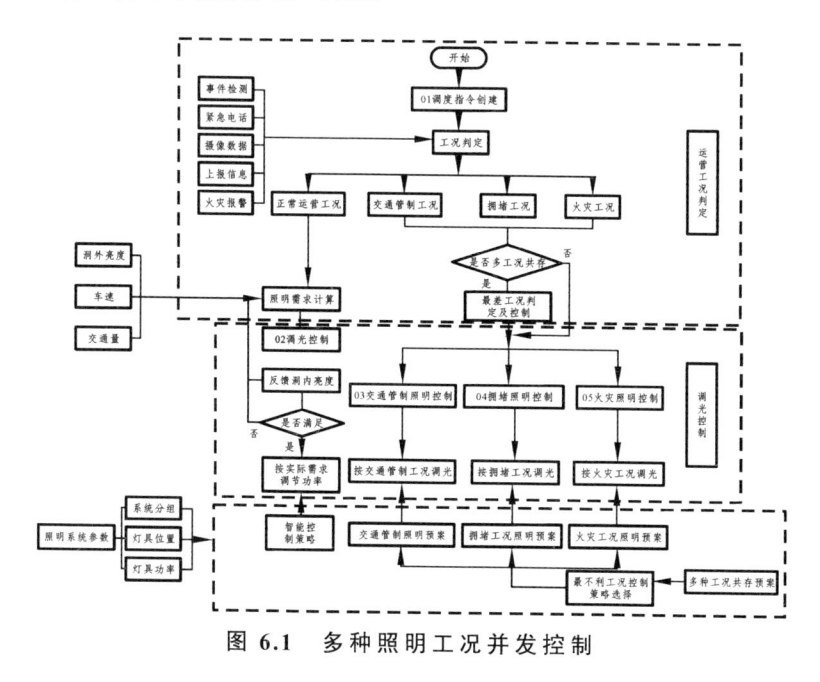

图6.1 多种照明工况并发控制

6.3 隧道照明控制系统验收

（1）系统验收实测项目和方法应符合现行《公路工程质量检验评定标准 第二册 机电工程》（JTG 2182）的相关规定。

（2）系统设备及配件的型号规格、数量应符合设计要求。

（3）系统设备及配件的安装高度、角度、间距应符合设计要求。

（4）照明系统验收提交资料应包括下列内容：

　　① 验收申请报告；

　　② 灯具的检验报告、合格证及能效检测报告；

　　③ 灯具的使用维护说明书；

　　④ 系统竣工图；

　　⑤ 系统调试报告；

　　⑥ 系统现场检测报告。

本指南用词用语说明

1. 本规程执行严格程度的用词，采用下列写法：

（1）表示很严格，非这样做不可的用词，正面词采用"必须"，反面词采用"严禁"；

（2）表示严格，在正常情况下均应这样做的用词，正面词采用"应"，反面词采用"不应"或"不得"；

（3）表示允许稍有选择，在条件许可时首先应这样做的用词，正面词采用"宜"，反面词采用"不宜"；

（4）表示有选择，在一定条件下可以这样做的用词，采用"可"。

2. 引用标准的用语采用下列写法：

（1）在标准总则中表述与相关标准的关系时，采用"除应符合本细则的规定外，尚应符合国家、行业和重庆市现行有关标准的规定"；

（2）在标准条文及其他规定中，当引用的标准为国家标准、行业和重庆市地方标准时，表述为"应符合《××××××》（×××）的有关规定"。

引用标准目录

1 《公路照明技术条件》GB/T 24969—2010.

2 《公路隧道照明设计细则》JTG/T D70/2-01—2014.

3 《公路隧道照明灯具》JT/T 609—2022.

4 《道路交通拥堵度评价方法》GA/T 115—2020.

5 《公路 LED 照明灯具 第 5 部分：照明控制器》JT/T 939.5—2014.

6 《公路隧道设计规范 第二册 交通工程与附属设施》JTG D70/2—2014.

7 《公路隧道运营管理技术规程》T/CECS G：Q11-01—2024.

8 《公路隧道照明质量评价规程》T/CECS G: F73-01—2021.

9 《公路直流供电系统设计标准》T/CECS G：D85-08—2021.

10 《公路隧道内壁涂层技术规程》T/CECS G：D76-03—2024.

11 《公路隧道内装漫反射材料应用技术规程》T/CECS G: D76-01—2023.

12 《公路隧道多功能蓄能发光材料应用技术指南》T/CHTS 10060—2022.

13 《公路隧道数智化装配式灯具照明系统技术规程》T/CECS G: D73-10—2024.

14 《城市道路及高速公路城市段照明设计标准》DB50/T 1233—2022.

15 《公路隧道照明智能控制运行技术指南》DB61/T 1693—2023.

16 《高速公路隧道 LED 照明调光控制规范》DB21/T 2576—2016.

17 《城市道路照明工程技术标准》DBJ50/T-439—2023.

18 《公路隧道照明节能控制系统应用技术规程》DB 33/T 987—2015.

19 《公路隧道照明系统运行规程》DB 41/T 1606—2018.

参考文献

[1] 史玲娜,涂耘,李茂华,等. 基于品质提升的重庆公路隧道照明改造与效果评价[J]. 公路交通技术,2022,38(5):130-136.

[2] 王林芳,陈珍,史玲娜,等. 公路隧道照明系统综合评价体系研究[J]. 公路交通技术,2023,30(4):140-146.

[3] 袁飞云,史玲娜,文森,等. 公路隧道照明布灯参数优化模型构建与适用性研究[J]. 隧道建设（中英文）,2023,43(2):240-247.

[4] 梁波,董越,闫自海,等. 基于眼动特性的隧道中间段光环境参数敏感性分析[J]. 交通信息与安全,2021,39(6):91-99.

[5] 鲍学俊,吕晓峰,夏倩,等. 基于交通量和洞内外亮度的调光控制系统应用——以楚大高速公路九顶山特长隧道为例[J]. 隧道建设,2016,36(2):143-149.

[6] 秦莉. 公路隧道照明系统智能控制的关键技术研究[D]. 大连:大连海事大学,2019.

[7] 李宁，王晓东，吴建德，等．遗传算法在高速公路隧道照明智能优化中的应用[J]．中南大学学报（自然科学版），2013，44（S1）：342-345．

[8] 梁波，李翔，魏清华，等．蓄能反光材料漫反射率对隧道照明质量影响研究[J]．地下空间与工程学报，2018，14（2）：565-572．

[9] 李月姝，史玲娜，涂耘，等．基于隧道污染机制的内壁亮化耐污涂层技术试验研究与应用[J]．隧道建设（中英文），2022，42（S1）：553-559．

[10] 尹力，史玲娜，刘贞毅，等．低交通量下"与车随行"隧道照明节能控制技术应用研究[J]．隧道建设（中英文），2019，39（8）：1270-1276．

[11] 张晓玉，冷俊辉．公路隧道智慧照明节能控制系统设计[J]．电子元器件与信息技术，2021，5（4）：48-49．

[12] 涂耘，王少飞，王小军，等．论公路隧道提质升级[J]．隧道建设（中英文），2019，39（A1）：1-9．

[13] 高杰，刘庆斌，孙绍云，等．"双碳"战略下高速公路管控转型升级探索应用[J]．科技和产业，2022，22（4）：334-339．

[14] 冯守中，高巍，王军. 蓄能发光多功能涂料辅助隧道照明试验研究[J]. 现代隧道技术，2016，53（4）：189-194.

[15] 席作为，饶军应，梅世龙，等. 基于长余辉发光涂料隧道中间段运营亮度检测最优控量研究[J]. 水利规划与设计，2022（9）：106-112.